Chickenology
written by Barbara Sandri and Francesco Giubbilini
illustrated by Camilla Pintonato

Text copyright © 2020 by Barbara Sandri and Francesco Giubbilini
Illustration copyright © 2020 by Camilla Pintonato
Published by arrangement with Debbie Bibo Agency

Korean translation © 2023, BOOKS-HILL Publishers Co., Inc.

알쏭달쏭 궁금한
동물농장 １

지은이 바바라 산드리, 프란체스코 주빌리니 | 그린이 카밀라 핀토나토 | 옮긴이 김경숙

치킨 월드를 발견했어요

닭의 세계	8
수탉과 암탉은 어떤 차이가 있을까요?	10
나이에 따라 부르는 이름이 달라요	11
암탉의 관심 끌기	12
짝짓기를 성공한 후에는?	13
닭의 크기와 몸무게는 얼마나 될까요?	14
친구들이 이야기를 해요	16
깃털을 살펴보아요	18
깃털의 색깔	20
같은 종인데도 색깔이 달라요	22
닭은 날 수 있을까요?	24

닭의 몸 구석구석

닭의 겉모습	26
닭의 몸속	27
째깍째깍… 째깍째깍…	28
닭이 엑스레이를 찍는다면?	29
볏이 우뚝 서 있어요!	30
닭의 두 발!	32
닭의 발자국	34
어서 의사를 불러야 해요!	36
닭이 멍청하다고요? 누가 그래요?	38
닭의 초능력! 시야가 300도!	40
귀가 아주 밝아요	41

달걀의 모든 것

달걀	42
달걀의 크기와 무게	44
주방으로 간 달걀	46
세계의 달걀 요리	48

닭과 사람

5천 년 동안 함께한 친구	50
역사 속에도 닭이 등장할까요?	52
상징의 마법	54
옛날 옛적에, 닭이 살고 있었어요	56
닭을 위한 맞춤 공간	58
닭 사육장 주변에는 울타리와 풀밭이 있어요	60
닭은 자연에 이롭기도 하지요	62
닭도 반려동물	64

품종과 혈통

다양한 품종	66
아얌 쯔마니, 코친	68, 69
바르부 당베르, 실키	70, 71
라플랑슈, 로드 아일랜드	72, 73
파도바나, 세브라이트	74, 75

닭의 세계

닭은 모두 똑같이 생겼을까요? 아니에요. 하나하나 다르게 생겨서 흥미로운 거랍니다. 깃털 모양도 다르고, 덩치도 다르고, 알의 색깔도 달라요! 그리고 사람들처럼 닭도 살아가는 방식이나 행동하는 모습이 제각각이지요.

와이언도트는 도형 모양의 화려한 깃털을 입고 있어요.

네이키드 넥은 목 주위에 깃털이 하나도 없어요. 꼭 대머리독수리 같지요?

아라우카나는 깃털이 정말 많아요! 귀와 목에 두툼하게 자란 깃털 때문에 우스꽝스러워 보인답니다.

파도바나는 얼굴이 깃털로 뒤덮여 있어서 눈을 못 찾을 정도예요!

수탉과 암탉은 어떤 차이가 있을까요?

병아리가 자라 어른이 되면 수탉과 암탉이 되지요. 수탉과 암탉은 겉모습이 매우 달라요. 동물은 수컷이 암컷보다 화려하고 예쁘게 생긴 경우가 많아요. 닭도 마찬가지로 수탉이 눈에 확 띄게 생겼답니다.

벼이 아주 크고 높게 우뚝 서 있어요.

수탉

육수

꼬리 깃털이 아주 크고 눈부시게 화려하지요.

다리에 며느리발톱이 있어요. 다른 수탉과 싸울 때 며느리발톱을 써서 자신을 지킨답니다.

덩치가 작고 무게도 덜 나가요.

암탉

동물학자들은 생물학적으로 닭을 어떻게 구분할까요?

학명: *Gallus gallus domesticus*
(갈루스 갈루스 도메스티쿠스)

아종: 닭　　　종: 적색야계　　속: 닭속
과: 꿩과　　　목: 닭목　　　　강: 조강
문: 척삭동물문　계: 동물계

달걀을 낳아요.

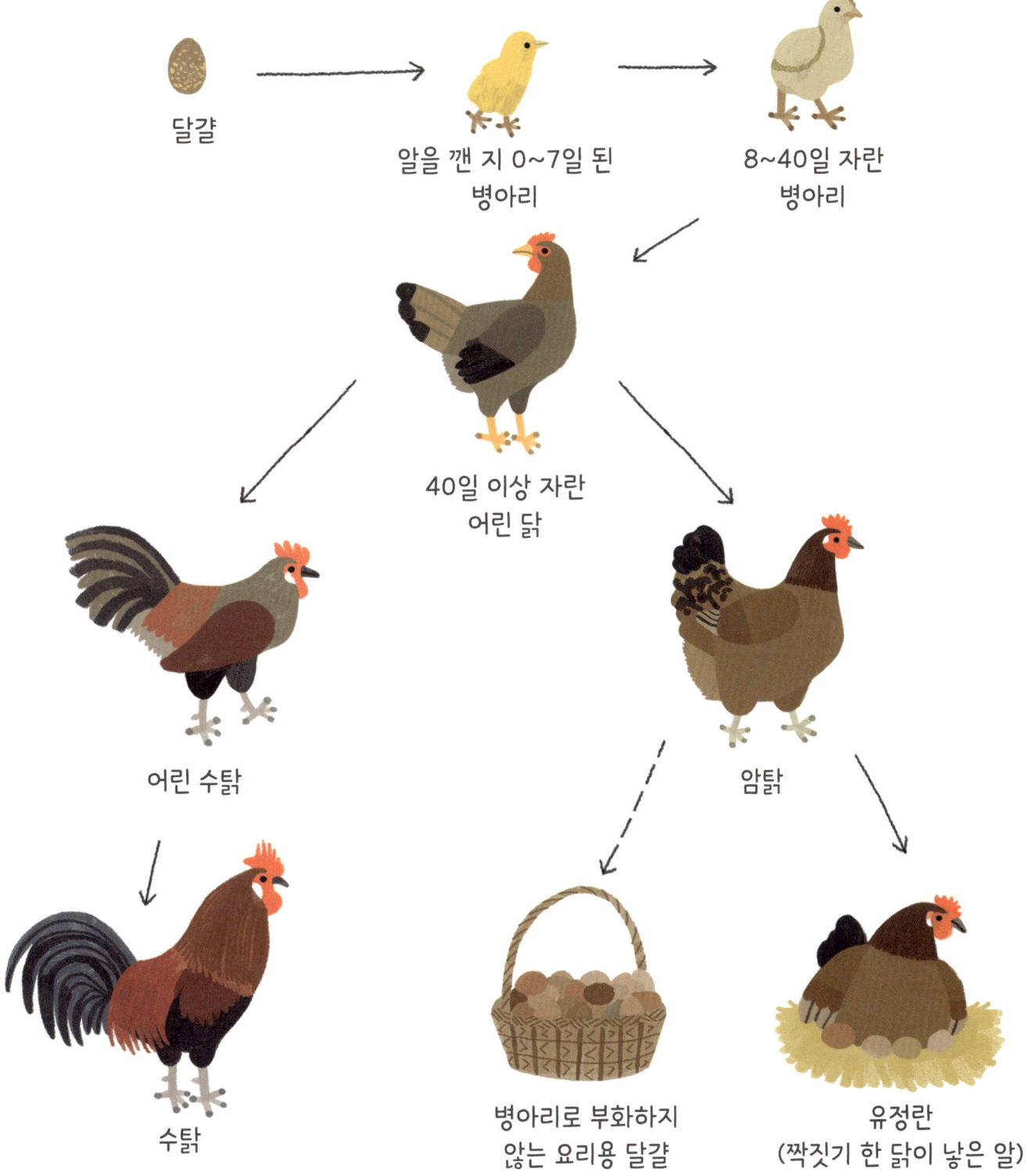

나이에 따라 부르는 이름이 달라요

달걀을 깨고 병아리가 나오는 것을 부화라고 해요. 갓 부화한 병아리는 성별을 알기 어렵지만 하루하루 자라면서 구분이 되지요. 부화한 지 6~8개월이 지나면 어른 닭이 되어, 암탉은 알을 낳기 시작하고 수탉은 "꼬끼오!" 하고 멋진 울음소리를 내면서 암탉에게 잘 보이려고 해요. 짝짓기에 성공한 달걀은 병아리가 부화할 수 있는 유정란이 돼요. 암탉이 따뜻하게 잘 품어 주면 병아리가 될 수 있답니다!

암탉의 관심 끌기

멋지게 잘생긴 모습만으로 암탉의 마음을 사로잡을 수 있을까요?
아니에요. 수탉은 춤추는 법도 알아야 한답니다. 실제로 수탉이 암탉에게
사랑을 구할 때 특별한 몸동작을 하는데 이 동작을 '티드비팅'이라고 해요.
작은 모이 조각을 물어 와 바닥에 놓았다 들었다를
계속하면서 암탉의 관심을 끌어요.
"꺽꺽꺽꺽" 하며 박자에 맞춰
노래도 부른답니다.
암탉을 위한 세레나데
같은 것이죠!

시간이 말해 줄 거예요!

짝짓기를 성공한 후에는?

수탉이 암탉의 마음을 얻어 둘이 짝짓기를 하고 나면, 암탉이 유정란을 낳아요.
유정란을 21일 동안 품으면 병아리가 알을 깨고 나오지요. 이것을 '알 품기'라고 불러요.
엄마 닭은 알을 품는 동안 둥지에서 내려오지 않아요. 물이나 모이를 먹을 때만 빼고요.
알을 품을 때는 한꺼번에 15개나 품을 수 있답니다(병아리를 부화시키는 기구도 있어요.).

1일째 4일째 7일째
9일째 12일째 15일째
17일째 19일째 21일째

닭의 크기와 몸무게는 얼마나 될까요?

닭이 모두 비슷해 보여도 사실은 크기와 몸무게가 천차만별이에요. 무게가 아주 많이 나가는 닭도 있고, 솜털처럼 가벼운 닭도 있답니다! 어떤 종으로 태어났느냐에 따라 달라지지요. 어찌나 작은지 한손에 쏙 들어오는 '왜소종' 닭이 있는가 하면, 세 살 아이보다 키가 큰 '거대종' 닭도 있어요. 몸무게도 오렌지 1개만큼 무게가 나가는 200그램 정도 되는 닭도 있고, 오렌지 한 상자만큼 무게가 나가는 5킬로그램 정도까지 자라는 닭도 있답니다!

약 70~80센티미터

약 40~50센티미터

와이언도트

약 20~25센티미터

세브라이트

약 15~20센티미터

세라마

친구들이 이야기를 해요

닭들이 사는 집은 평화로울까요? 아니에요. 조용한 날이 없어요. 엄마 닭, 아빠 닭, 형 닭, 누나 닭, 아기 병아리들이 쉴 새 없이 이야기를 하기 때문이지요. 모두가 다른 소리로 이야기를 주고받는답니다.

꾸우꾸우 꾸우

혹시 알고 있었어요? 암탉은 편히 쉬면서 "꾸우꾸우" 소리를 내요. 편안하고 조그맣게 내는 "꾸우꾸우" 소리는 고양이가 그르렁거리는 소리와 비슷하지요.

먹이를 찾아다닐 때도 중얼거리면서 다녀요. 그러다가 특별히 맛있는 먹이를 발견하면 신이 나서 그 소리가 아주 커진답니다!

가만히 들어 보면 닭장 안에서 병아리들의 소리가 들려와요! 병아리들은 조그맣고 귀엽게 "삐약 삐약" 이야기하면서 하루 종일 엄마 닭을 졸졸 따라다녀요.

뻑 벅벅

삐약

삐약

꼬끼오

수탉은 새벽에만 운다고요? 아니에요. 수탉은 하루 종일 운답니다. 어떤 닭은 온 힘을 가득 실은 "꼬끼오오오~" 소리를 자그마치 20초 동안이나 내기도 해요.

비상! 비상! 닭이 "뻐어어어억 뻑벅벅벅" 하고 평소보다 급하고 길게 울면 위험에 빠졌으니 도와달라는 신호예요. 도와주세요!

뻐어어어억 뻑벅벅벅

꼬꼬꼬 꼬꼬댁

닭이 "꼬꼬꼬 꼬꼬댁" 하고 운다면 방금 알을 낳았다는 뜻이에요. 그 소리는 다른 암탉들에게도 알을 낳으라는 뜻이랍니다. 그러면 닭장에 알이 많아져서 천적이 와도 자신의 알을 보호할 수 있으니까요!

깃털을 살펴보아요

닭의 깃털을 하나하나 세어 보면 몇 개나 될까요? 자그마치 5천 개나 된답니다! 닭의 깃털은 사람의 머리카락처럼 단백질로 되어 있어요. 깃털은 두 종류가 있는데, 겉에 난 깃털을 겉깃털이라고 하고, 겉깃털 안에 난 깃털을 솜깃털이라고 해요.

깃털은 종류가 많아요

겉깃털과 솜깃털은 둘 다 깃대, 깃, 깃가지, 작은 깃가지로 되어 있어서 비슷해 보여요. 하지만 겉깃털과 솜깃털은 완전히 달라요. 솜깃털은 깃대가 짧고, 깃도 덜 촘촘하고, 깃가지가 많은 편이에요. 겉깃털과 솜깃털 외에 다른 깃털도 있어요. 반깃털, 털 모양 깃털, 뻣뻣한 깃털이 있지요.

깃털은 무슨 일을 할까요?

몸을 겹겹이 싸서 보호하는 일은 정말 중요해요. 닭들도 잘 알고 있나 봐요. 겉에는 물을 튕겨 내고 방수가 되는 겉깃털과 털 모양 깃털이 있고, 그 안쪽에는 몸을 따뜻하게 해주는 반깃털이 있거든요. 피부에 닿는 솜깃털은 몸을 따뜻하게 해줘요. 부리와 눈 주변의 깃털은 뻣뻣한 깃털이라서 사람의 속눈썹처럼 눈을 보호해 주지요.

털갈이

여름이 끝나 갈 때쯤이면 닭은 새롭게 변신한답니다. 오래된 털들은 빠지고 새로운 털들이 자라나지요. 이것을 털갈이라고 불러요.

털갈이 기간에는 암탉이 알을 낳지 않아요. 털갈이를 끝마친 후, 또는 낮이 다시 길어질 때쯤 알을 낳기 시작하지요.

피부 색깔

털갈이 기간 동안 닭은 발가벗고 있는 거나 마찬가지예요. 깃털 속에 숨어 있던 피부를 볼 수 있는 기회지요. 주로 노란색이나 연분홍색 피부지만, 피부가 새까만 닭도 있답니다!

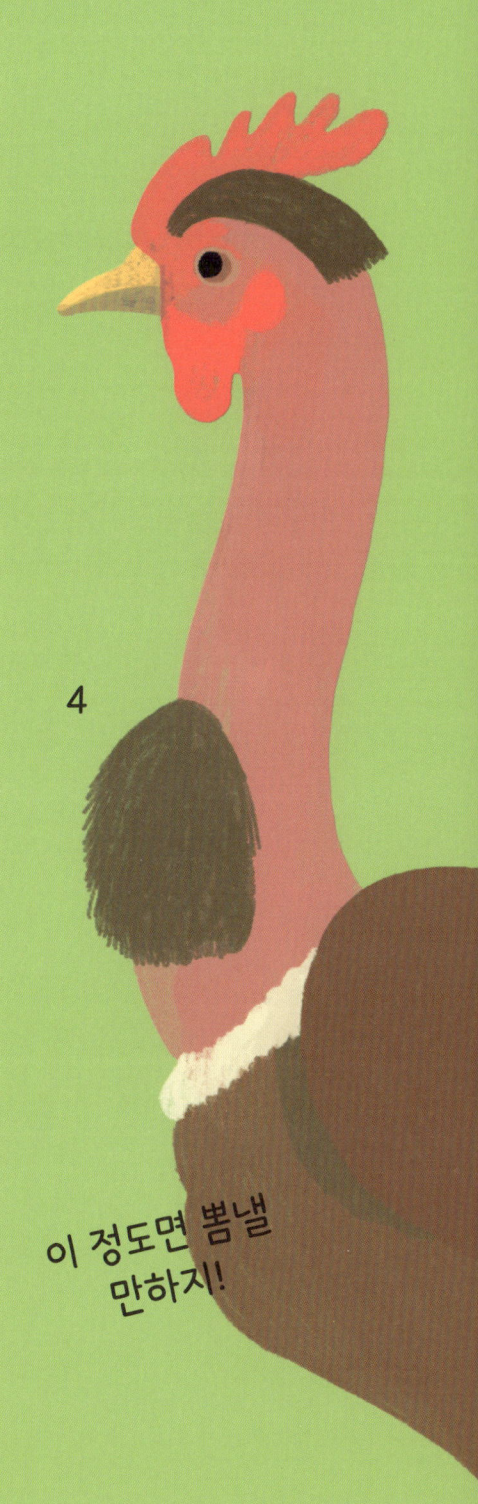

이 정도면 뽐낼 만하지!

1. 볏 모양 깃털
머리 꼭대기에 빽빽하게 자란 깃털이에요. 눈에 확 띄어요!

2. 구레나룻
얼굴 양쪽에 수염처럼 난 깃털의 이름이에요.

3. 턱수염
부리 아래에 있는 깃털 뭉치를 말해요.

4. 목 깃털
목의 특정 부분에만 깃털이 나 있는 닭도 있어요. 깃털이 없는 부분은 피부가 그대로 드러나 있지요. 대머리독수리처럼 말이에요.

깃털의 색깔

사람들이 예쁜 옷을 입고 뽐내는 것처럼 닭들도 깃털 뽐내기를 좋아한답니다. 깃털의 색깔, 모양, 무늬는 아주 다양해요.

| 여러 겹의 줄무늬 | 반짝이는 무늬 | 레이스 장식 무늬 | 줄무늬 /
매의 깃털 무늬 |

닭의 겉깃털은 물에 잘 젖지 않아요!

닭은 비가 와도 비옷을 입을 필요가 없답니다. 겉깃털이 빗물을 막아 주고 춥지 않게 몸을 보호해 주기 때문이에요. 아주 추운 겨울에도 끄떡없지요. 비가 와서 날씨가 습하면 건강에 여러 가지 문제가 생기지만, 닭은 천연 방수 깃털 덕분에 걱정 없어요. 감기에도 잘 걸리지 않아요.

새 깃털은 어떻게 생겨날까요?

깃털은 오래되면 빠지지요. 그리고 약 4주가 지나면 새로운 깃털이 자라나요. 새 깃털은 '여포'라는 동그란 세포 주머니에서 생겨난답니다. 낡은 깃털이 빠지고 새 깃털이 막 돋아 나오는 동안은, 닭의 온몸이 뾰족뾰족한 고슴도치 가시로 뒤덮인 것처럼 보여요!

줄무늬

반점 무늬

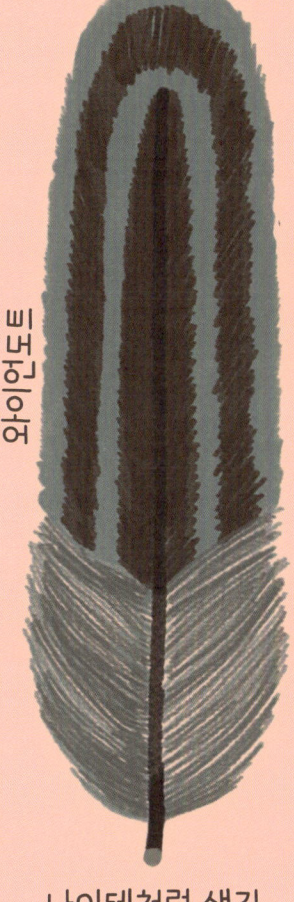
나이테처럼 생긴 여러 겹의 줄무늬

레이스 장식 무늬

앗! 우산이 필요한 닭도 있어요!

방수가 잘 되지 않는 깃털을 가진 닭들도 있어요. 그런 닭들은 좀 더 신경 써서 돌보아야 해요. 깃털이 고양이 털처럼 보들보들 매끈매끈 윤기가 흐르는 닭도 있지만, 방금 미용실에서 굽슬굽슬하게 파마를 하고 나온 것처럼 보이는 닭도 있답니다!

굽슬굽슬한 깃털

부드럽고 매끈한 깃털

같은 종인데도 색깔이 달라요

같은 종의 닭이라도 다른 종인 것처럼 보이기도 한답니다.
그림의 암탉들은 모두 같은 종인 '레그혼' 닭이에요. 마치 한 마리가
까만 옷, 하얀 옷, 색깔 옷, 무늬 옷으로 옷 갈아입기를 한 것 같지요?

검정색 레그혼

흰색 레그혼

황갈색 레그혼

골든넥 레그혼

푸른색 레그혼

얼룩무늬 레그혼

닭은 날 수 있을까요?

날개를 활짝 펴고, 날아오를 준비! 닭이 날개를 활짝 편 모습은 좀처럼 보기 힘들어요. 하지만 몰래 지켜보고 있으면 닭이 날개와 깃털을 쫙 펼친 모습을 볼 수 있답니다. 날개를 부채처럼 펼치고 우아한 모습을 뽐내지요.

응답하라, 관제센터! 문제 발생!

사람이 닭을 키우기 시작하면서 닭은 날지 못하게 되었어요. 동물이나 식물은 오랜 시간을 지나오면서 필요한 능력은 더 발달하게 되고, 필요 없는 능력은 사라져요. 그걸 진화 또는 퇴화라고 해요. 닭은 무시무시한 포식자로부터 도망칠 필요가 없어졌기 때문에 날개가 점점 퇴화했어요. 대신에 다리가 튼튼해졌지요. 몸통도 크고 무거워져서 더 이상 날 수 없게 된 거예요. 하지만 정말 위험하고 급할 때는 높게 뛰어오르거나, 파드닥파드닥 날개를 빠르고 야단스럽게 휘저어서 아주 잠깐 날기도 한답니다.

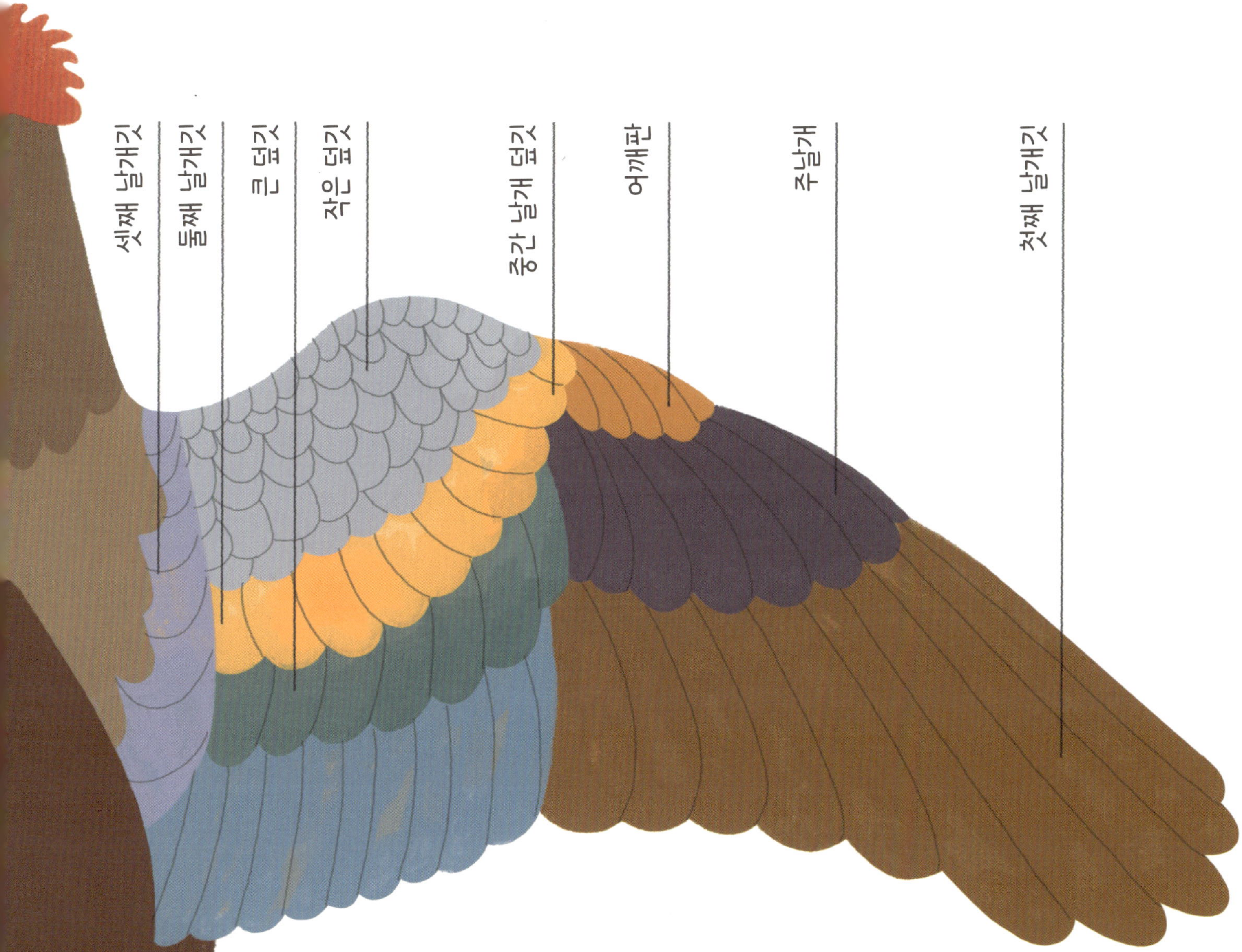

셋째 날개깃 | 둘째 날개깃 | 큰 덮깃 | 작은 덮깃 | 중간 날개 덮깃 | 어깨판 | 주날개 | 첫째 날개깃

비행 기록

닭이 가장 오래 날았던 기록은 15초예요. 약 91미터를 날아갔답니다.

비행기처럼 날아요

닭의 날갯짓은 비행기가 나는 방법과 비슷해요. 날개에 겹겹이 돋은 깃털을 위로 들어 올리거나 아래로 내리면서 날아가는 높이를 조정하지요. 비행기도 비슷한 방법으로 비행한답니다.

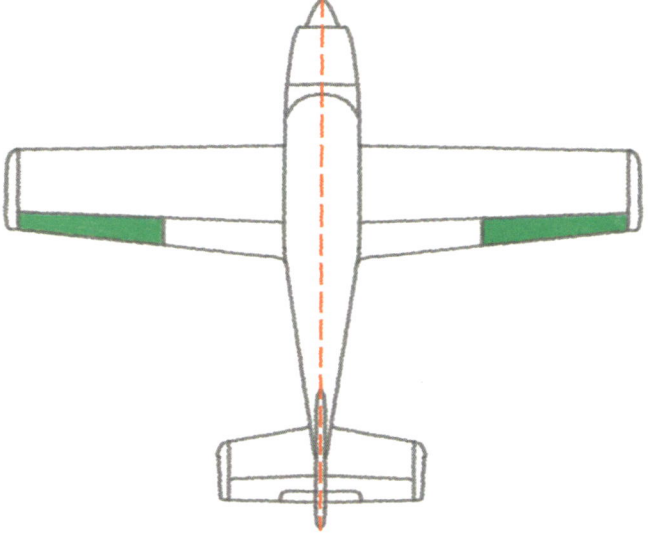

25

닭의 겉모습

부리
닭은 어떻게 먹이를 씹을까요? 이빨로요? 닭은 이빨이 없어요. 그래서 수시로 모래를 삼킨답니다. 그 모래들은 닭의 뱃속에서 음식을 잘게 자르고 소화하는 일에 도움을 주지요. 조류들은 소화기관인 근위(모래주머니)가 따로 있답니다.

눈
닭은 시력이 아주 좋아요! 사람은 볼 수 없는 '자외선'도 닭은 볼 수 있지요. 그 말은, 사람보다 더 많은 빛과 색깔을 볼 수 있다는 뜻이에요. 그리고 더 선명하고 또렷하게 물체를 볼 수 있답니다.

귀
닭의 귓속에는 특별한 기관이 있어요. 그래서 듣기 싫을 때는 부리를 크게 벌리면 손을 대지 않고도 귀를 막을 수 있답니다.

고기수염
귓불
목
가슴
등
꼬리 깃털
날개
어깨
배
허벅지
발
다리
발가락
발톱

닭의 몸속

뇌
새 머리라고요? 머리가 나쁘다는 뜻은 아니겠지요? 그럼요. 닭이 똑똑하다는 사실은 과학적으로 증명되었답니다.

수란관과 자궁
달걀이 생기려면 약 24시간이 걸려요. 수란관을 1시간마다 초음파 촬영을 해보면 달걀이 조금씩 만들어지는 모습을 처음부터 끝까지 볼 수 있어요.

배설강
달걀과 배설물이 지나가는 통로예요. 닭은 소변을 누지 않는답니다!

심장
닭의 심장은 아주 빠르게 뛰어요. 1분에 300회 넘게 뛴답니다! 사람의 심장 박동보다 4배 이상 빠른 속도예요.

- 척수
- 폐
- 난소
- 후두
- 식도
- 기관
- 모이주머니
- 비장
- 콩팥
- 맹장
- 췌장
- 창자
- 모래주머니(근위)
- 간

째깍째깍… 째깍째깍…

닭의 뼈는 공룡 화석의 뼈와 닮은 점이 많아요. 특히 시조새 화석의 뼈와 많이 닮았답니다. 뼈들을 잘 비교해 보면 수백만 년 전부터 지금까지 닭이 어떻게 진화해 왔는지 추측하는 데 도움이 되지요.

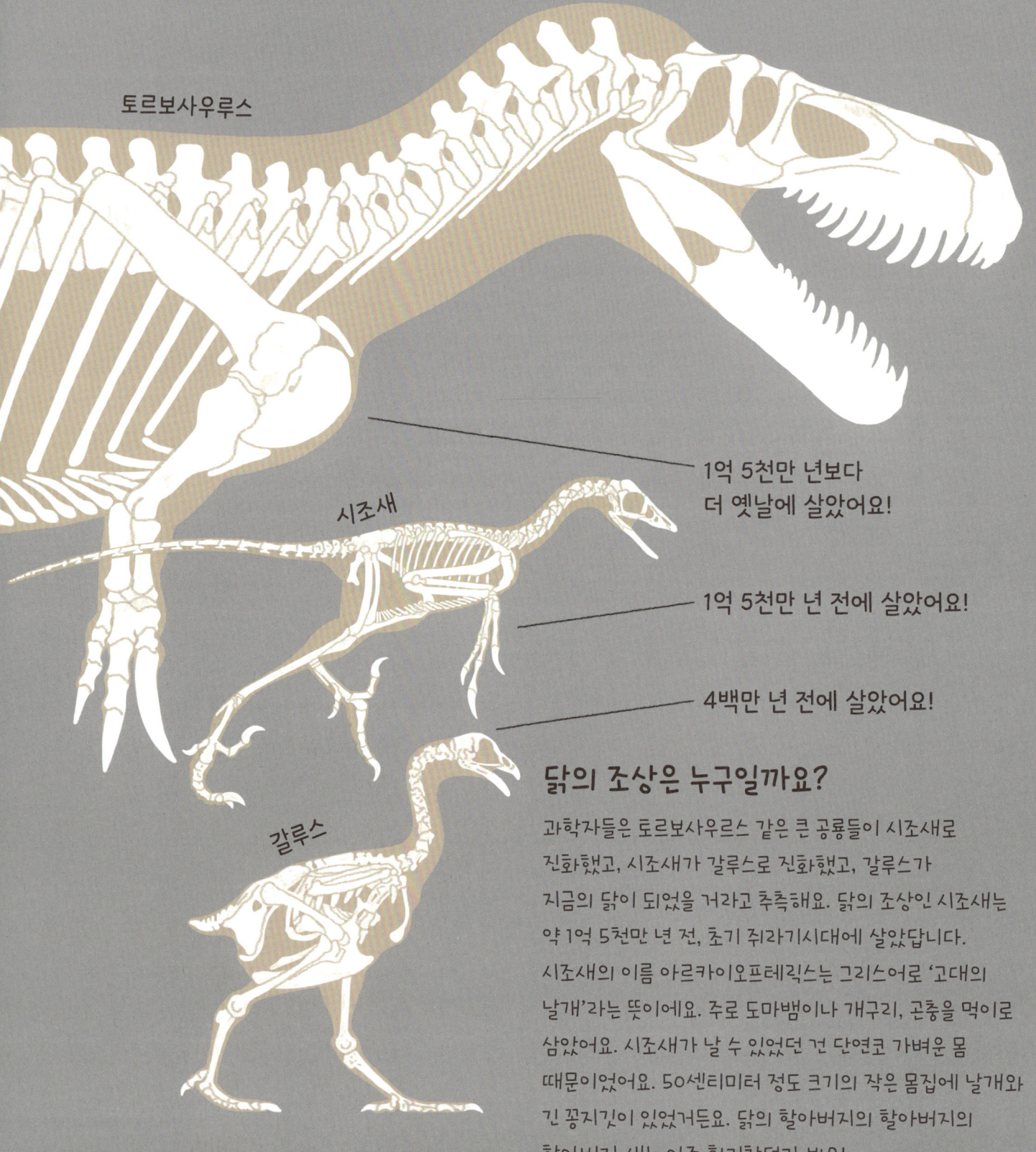

토르보사우루스

시조새 — 1억 5천만 년보다 더 옛날에 살았어요!

— 1억 5천만 년 전에 살았어요!

— 4백만 년 전에 살았어요!

갈루스

닭의 조상은 누구일까요?

과학자들은 토르보사우루스 같은 큰 공룡들이 시조새로 진화했고, 시조새가 갈루스로 진화했고, 갈루스가 지금의 닭이 되었을 거라고 추측해요. 닭의 조상인 시조새는 약 1억 5천만 년 전, 초기 쥐라기시대에 살았답니다. 시조새의 이름 아르카이오프테릭스는 그리스어로 '고대의 날개'라는 뜻이에요. 주로 도마뱀이나 개구리, 곤충을 먹이로 삼았어요. 시조새가 날 수 있었던 건 단연코 가벼운 몸 때문이었어요. 50센티미터 정도 크기의 작은 몸집에 날개와 긴 꽁지깃이 있었거든요. 닭의 할아버지의 할아버지의 할아버지 새는 아주 활기찼던가 봐요!

닭이 엑스레이를 찍는다면?

뼈
닭도 다른 새들처럼 뼈가 아주 가벼워야 잘 날 수 있어요. 보통의 새들만큼 많이 날지는 않아도요. 닭의 뼈는 구멍이 숭숭 뚫려 있지요. 그리고 폐와 연결되어 있어서 뼛속에 공기가 가득 차 있어요. 닭의 뼈는 달걀 껍데기를 만들 때 꼭 필요한 칼슘을 공급하기도 한답니다.

척추
닭은 아주 유연한 목 덕분에 고개를 이리저리 움직일 수 있어요. 그래서 먹이도 쉽게 먹고 몸단장도 잘 하지요. 에스(S)자 모양의 척추는 닭이 푸드덕 날아오를 때 몸의 중심을 유지하게 하고 땅에 착지할 때도 충격을 덜 받게 해줘요.

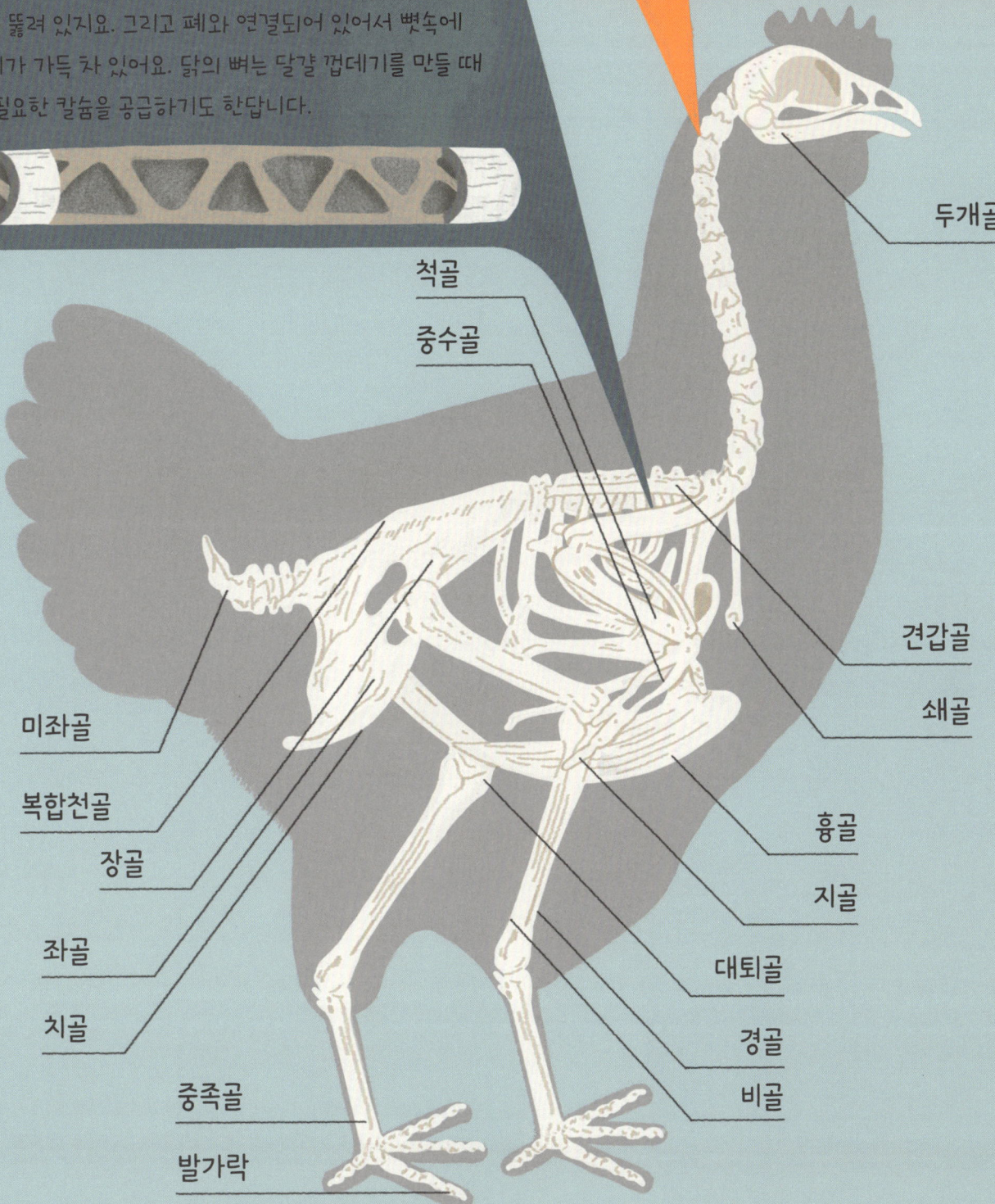

- 척골
- 중수골
- 두개골
- 미좌골
- 복합천골
- 장골
- 좌골
- 치골
- 중족골
- 발가락
- 견갑골
- 쇄골
- 흉골
- 지골
- 대퇴골
- 경골
- 비골

볏이 우뚝 서 있어요!

볏을 보면 알아요! 볏은 닭을 구분하는 가장 큰 특성이에요. 대부분은 볏을 보면 수탉인지 암탉인지도 알 수 있고, 같은 종인지 다른 종인지도 알 수 있어요. 수탉만 볏이 있다고요? 아니에요. 수탉의 볏이 훨씬 크고 화려하긴 하지만, 암탉이나 어린 닭들도 볏이 있어요. 아주 평범하고 흔한 볏도 있고, 독특하고 희귀한 볏도 있답니다.

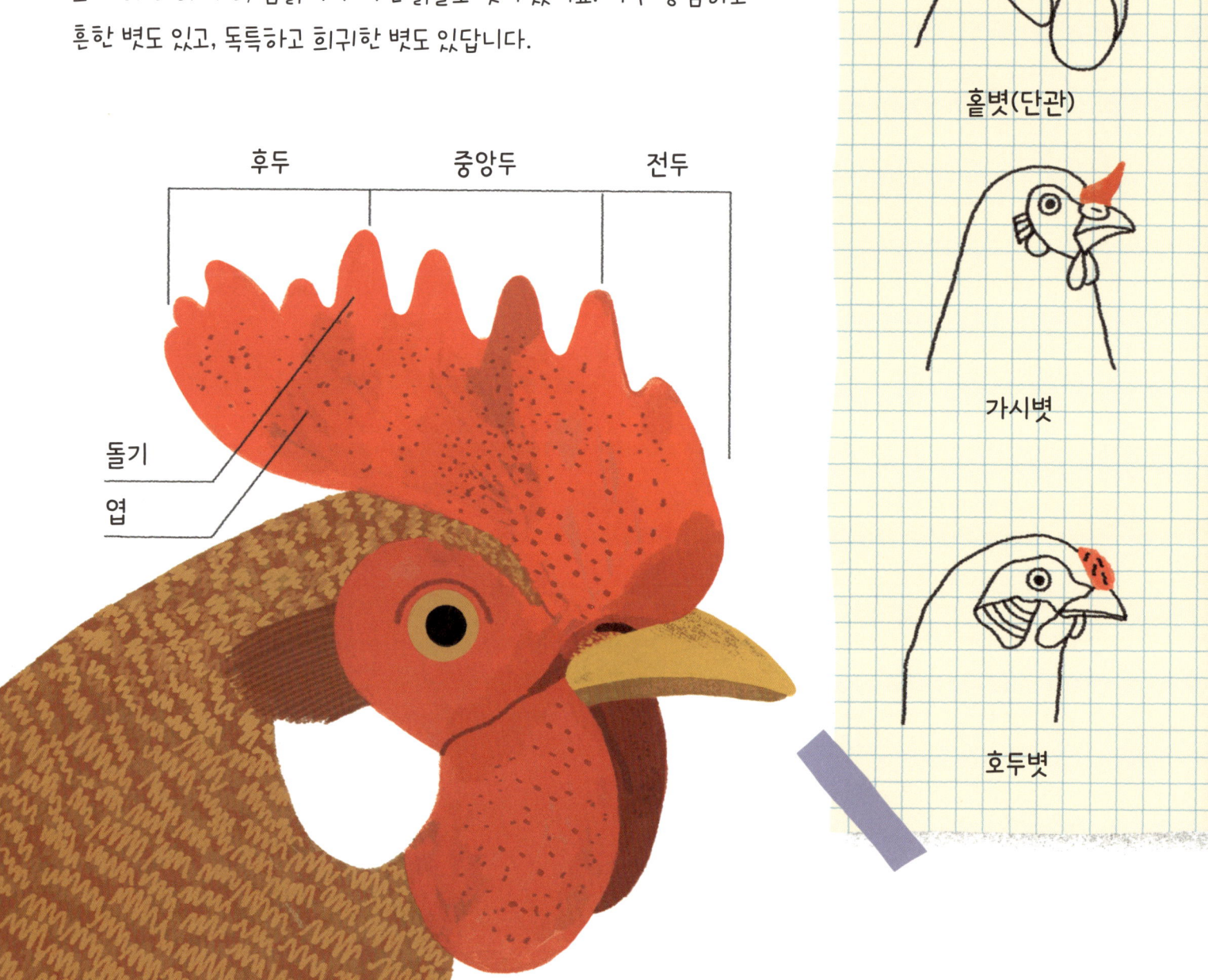

각양각색의 볏들!

볏은 닭의 체온을 조절하는 중요한 일을 해요. 개가 혓바닥으로 체온을 조절하는 것처럼요. 볏이 크면 클수록 닭이 따뜻한 기후에 적응하기 쉬워요. 볏이 작은 닭은 추운 지역에서 온 닭이 많아요. 볏이 크면 얼기 쉬우니까요.

겹벗	세겹벗	브이(V)자 벗
딸기벗	장미벗	완두벗
나비벗	미나리아재비벗	카네이션벗

에드몬토사우루스

원시시대 동물의 벗

가장 오래된 벗 화석은 에드몬토사우루스의 화석이에요. 에드몬토사우루스는 지구에 살던 마지막 공룡들 중 하나였지요. 에드몬토사우루스의 벗은 두툼하게 살집이 있고 비늘로 덮여 있었답니다.

닭의 두 발!

다리는 걸을 때만 쓸까요? 아니에요. 먹이를 찾으며 땅을 팔 때나 스스로를 지키기 위해 다른 닭과 싸울 때도 쓴답니다. 또 횃대(긴 나무 막대기)를 꽉 붙잡을 때나 몸을 긁을 때도 사용하지요.

발가락은 몇 개일까요?

닭의 발가락은 4개예요. 발가락 끝에 난 단단한 발톱은 땅을 파고 풀을 뽑는 일에 써요. 그런데 어떤 종은 발가락이 5개랍니다. 그리고 수탉은 며느리발톱이 있어요. 주로 다른 닭과 싸울 때 쓰지요. 짝짓기할 때 암탉을 꼭 안을 때도 쓴답니다.

암탉의 발   수탉의 발

다리 색깔

닭은 유전자에 따라 다리 색깔이 정해져요. 색깔이 아주 다양하답니다. 가장 흔한 노랑과 초록은 물론, 회색빛 파랑이나 검정색 다리도 있지요. 어떤 닭은 다리에 깃과 깃털이 돋아 있기도 하답니다.

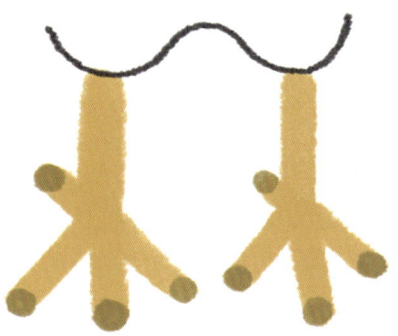

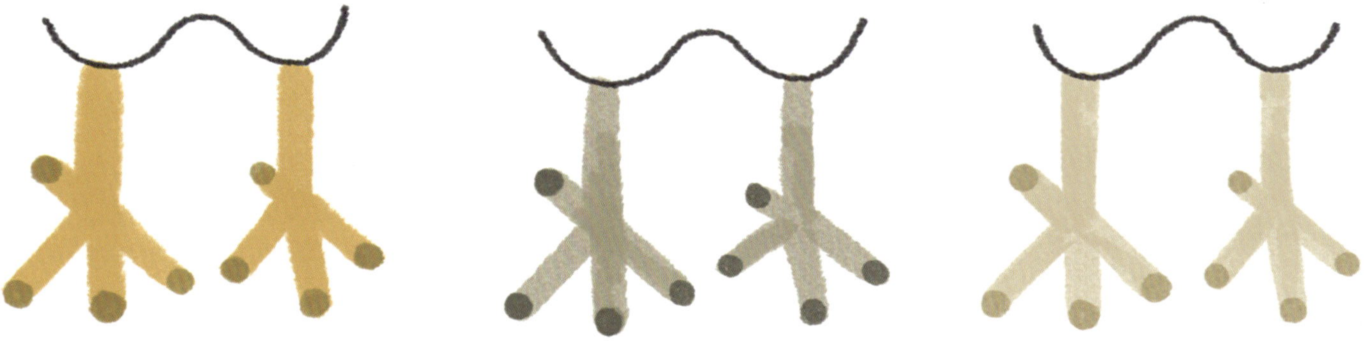

휴식

닭은 누워서 쉴까요? 아니에요. 한 발로 서서 쉰답니다. 날씨가 아주 추워서 발이 시리면 한 발씩 번갈아가며 깃털 사이에 끼워서 따뜻하게 하지요. 우리가 겨울에 손을 주머니에 넣는 것과 똑같아요!

요가도 해요!

닭을 잘 관찰하고 있으면 가끔 닭이 요가하는 모습을 볼 수 있어요. 한쪽 다리를 쭈우우욱 뻗고, 날개도 같이 쭈우우욱 뻗으며 스트레칭하는 모습이에요. 고양이가 기지개를 켜는 것처럼요!

닭의 발자국

새들은 모두 발자국을 남겨요. 새의 종류에 따라 발자국의 크기와 모양이 다르지요. 새들의 이동 연구는 모두 진흙 위에 남은 발자국이나 흙을 살짝 덮은 눈 위에 찍힌 발자국으로 확인한답니다. 닭의 발자국은 다른 새의 발자국과 구별하기가 아주 쉬워요. 그 정도 추리는 식은 죽 먹기죠!

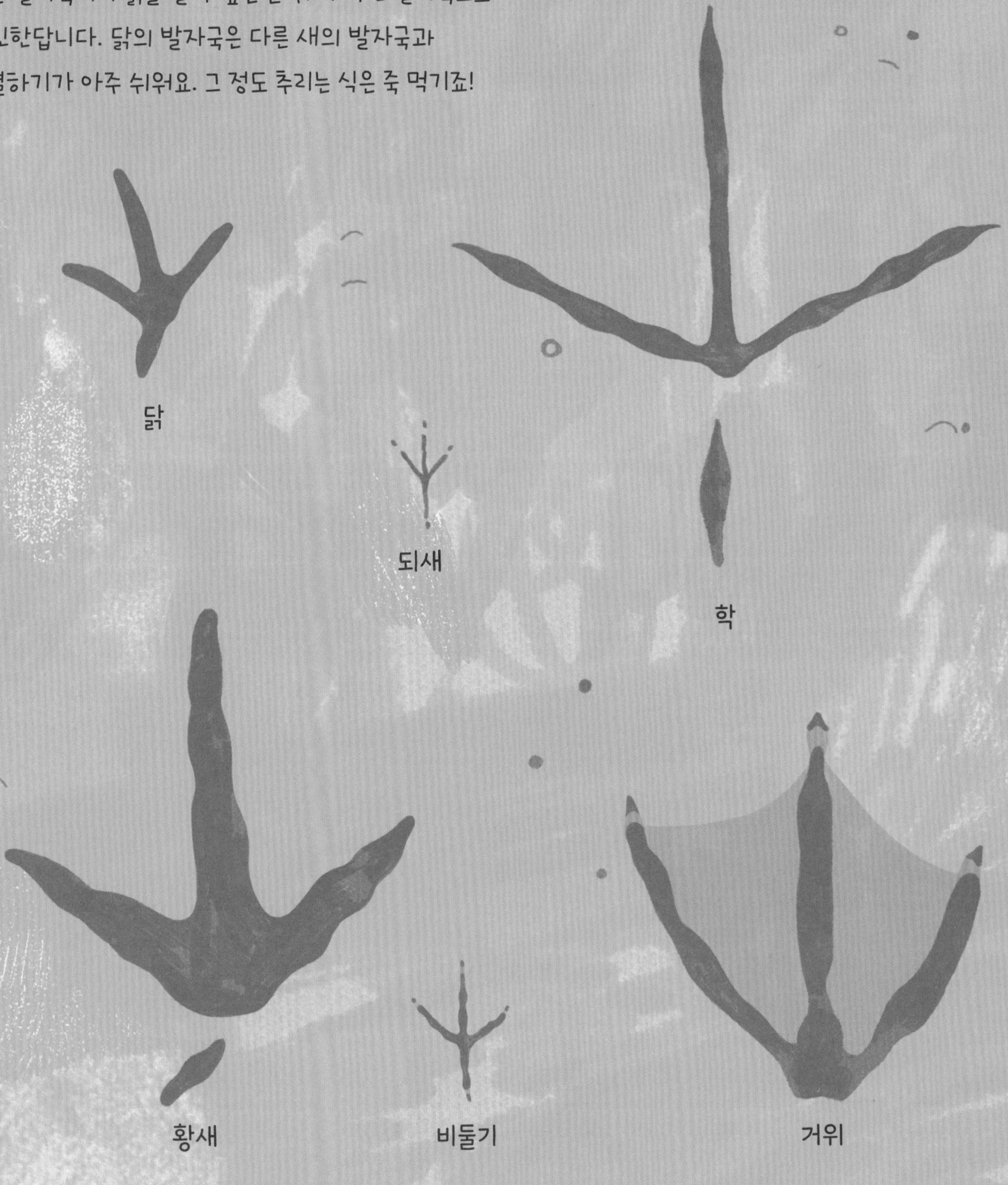

닭

되새

학

황새

비둘기

거위

발자국의 배열

발자국의 모양이나 크기로도 새를 구별할 수 있지만, 발자국들이 어떤 모양으로 이어져 있는지를 보아도 도움이 되지요. 예를 들어, 조금씩 구불구불하게 걸어간 발자국은 암탉의 발자국이랍니다.

얼마나 빨리 걸어갔을까요?

발자국과 발자국 사이의 거리를 보면 닭이 걸어간 속도를 추측할 수 있어요. 닭이 제자리에 서서 모이를 쪼아 먹을 때, 성큼성큼 걸어갈 때, 파드닥 뛰어갈 때, 모두 발자국 모양이 다르니까요.

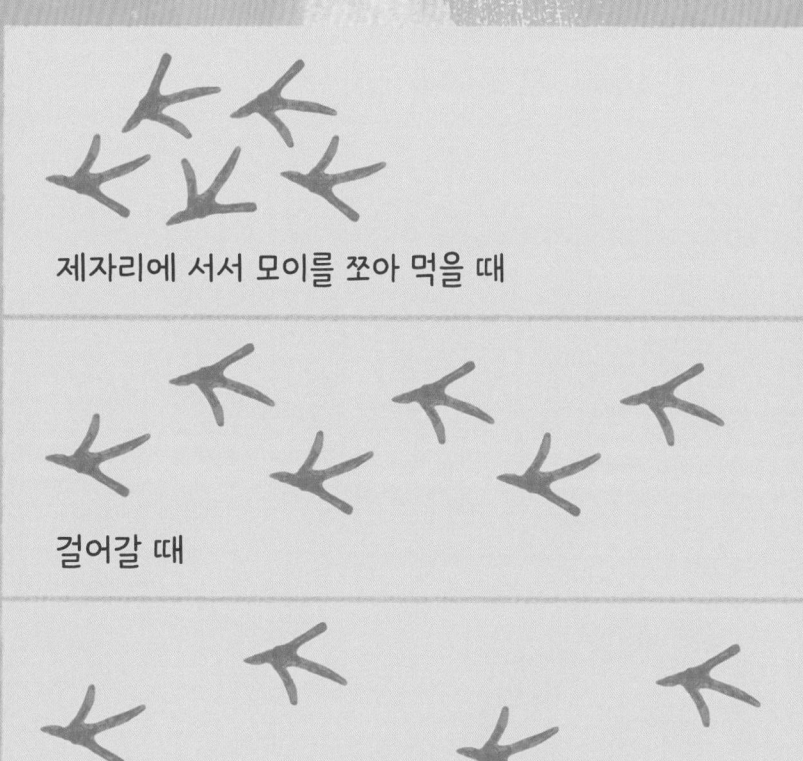

제자리에 서서 모이를 쪼아 먹을 때

걸어갈 때

뛰어갈 때

갈매기

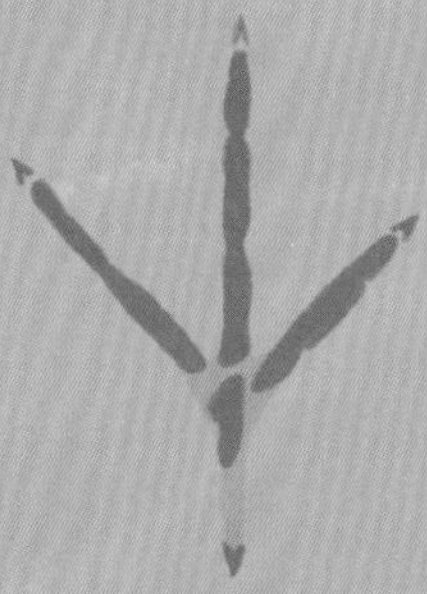

쇠물닭

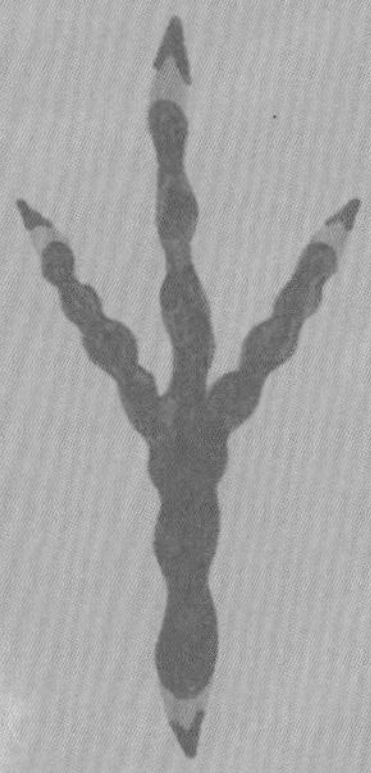

까마귀

까치

어치

어서 의사를 불러야 해요!

"에, 에, 에, 에취이이!" 맞아요. 닭도 병에 걸릴 수 있어요. 닭이 아프면 즉시 의사를 만나야 해요. 그렇죠. 동물이니까 수의사에게 진료를 받아야지요. 닭을 돌보는 일은 아주 중요하답니다. 잘 보살핀 닭은 약 8년 정도 살 수 있어요. 어떤 닭은 자그마치 20년까지 살기도 한대요!

모세선충
닭의 모이주머니, 위, 장에서 종종 발견되는 기생충이에요. 닭에게 모세선충이 있으면 식욕이 떨어지고 마른침을 자주 삼켜요.

살모넬라
달걀 껍데기에 묻어 있다가 사람에게 옮아 오는 박테리아예요. 그래서 요리를 할 때는 달걀을 만지고 나면 반드시 손을 씻어야 한답니다.

붉은진드기
거미의 먼 친척인 붉은진드기는 주로 닭장 안에 산답니다. 밤이 되면 살금살금 기어 나와서 닭을 앙, 물고는 피를 빨아먹어요. 모기가 사람을 물어 피를 빨아먹는 것과 비슷해요.

가금류 이
닭만 골라 찾아다니면서 무는 이예요! 닭에 이가 생기면 재빨리 닭장을 옮겨서 다른 닭들과 떼어 놓아야 해요. 금세 다른 닭에게 옮기거든요.

촌충
촌충은 길고 납작한 기생충이에요. 길이가 25센티미터나 된답니다. 닭의 뱃속 소화기관에 살아요. 촌충 때문에 닭이 여러 가지 병에 걸리기도 하지요.

조류인플루엔자
전염성이 높아 잘 감염되는 바이러스예요. 멀리 이동하는 철새들 때문에 세계 곳곳에 퍼지게 되었어요. 특히 오리나 백조, 청둥오리가 많이 옮긴답니다.

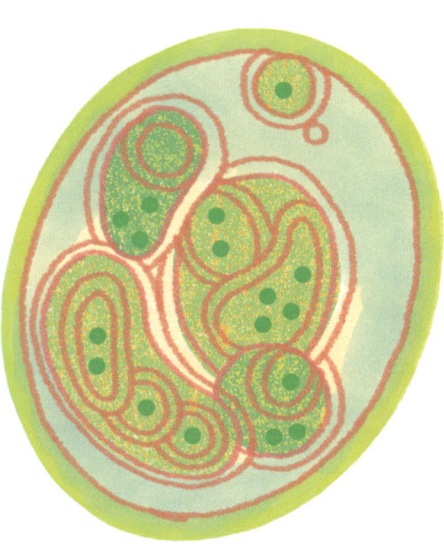

콕시디아
갑자기 기온과 습도가 높아지면 닭이 콕시디아증에 걸릴 수 있어요. 콕시디아증은 닭의 소화기관에 문제가 생기는 병이에요.

닭이 멍청하다고요? 누가 그래요?

닭은 뇌의 크기가 작지만 뇌를 구성하는 뉴런이 아주 많아요. 새끼를 낳아 젖을 먹이는 대부분의 포유류보다도 뉴런이 많답니다. 포유류 중에서 원숭이, 오랑우탄, 고릴라, 침팬지, 사람 등을 영장류라고 하는데, 닭의 뉴런 수는 심지어 몇몇 영장류보다도 많아요.

병아리는 숫자를 4까지 셀 수 있어요. 정말로 놀랍지요? 과학적으로 증명된 사실이랍니다. 고양이는 3까지 셀 수 있고 개, 코끼리, 오랑우탄은 5까지 셀 수 있어요.

닭은 조금만 훈련시키면 논리력과 추론 능력을 발달시킬 수 있어요. 체력 검사도 받을 수 있고, 볼링 놀이도 할 수 있고, 균형잡기 묘기도 곧잘 해요. 그리고 심지어 피아노 연주도 할 수 있답니다. 연주를 들려주세요, 마에스트로(최고의 연주가)!

닭의 초능력! 시야가 300도!

눈으로 한 번에 볼 수 있는 범위를 시야라고 해요. 사람의 시야는 180도랍니다. 그런데 닭의 시야는 300도나 돼요. 닭은 사람보다 훨씬 넓은 곳을 한 번에 볼 수 있기 때문에, 주변에서 일어나는 일을 놓치지 않고 거의 다 볼 수 있어요! 또, 두 눈동자를 따로 움직여서 다른 방향을 볼 수 있는 능력 덕분에 동시에 서로 다른 두 방향을 볼 수 있어요. 예를 들면, 한 눈으로는 땅바닥에서 꿈틀거리는 벌레를 보고, 다른 눈으로는 하늘에서 다가오는 포식자를 볼 수 있답니다.

오를로프

귀가 아주 밝아요

닭은 귀가 깃털 속에 꽁꽁 숨어 있지만, 아주 작은 소리도 잘 들을 수 있어요. 그리고 사람은 나이가 들면 점점 귀가 잘 안 들리지만, 닭은 계속해서 좋은 청력을 유지한답니다. 청력 세포가 손상을 입어도 다시 자라기 때문이지요.

음악을 즐겨요

동물과 식물은 음악을 좋아해요. 닭도 마찬가지랍니다. 닭에게 클래식 음악을 들려주면, 닭이 차분해지고 얌전해져요.

코친

무슨 소리까지 들을 수 있을까요?

사람이 들을 수 있는 소리는 20헤르츠에서 2만 헤르츠 사이의 소리예요. 닭은 15헤르츠에서 1만 헤르츠까지 들을 수 있어서 사람이 듣는 범위보다는 좁지만, 대부분의 동물보다는 훨씬 많은 소리를 들을 수 있어요. 거북이는 2천 헤르츠를 넘는 소프라노의 소리를 들을 수 없지만, 닭은 모든 음역대의 콘서트를 즐길 수 있답니다!

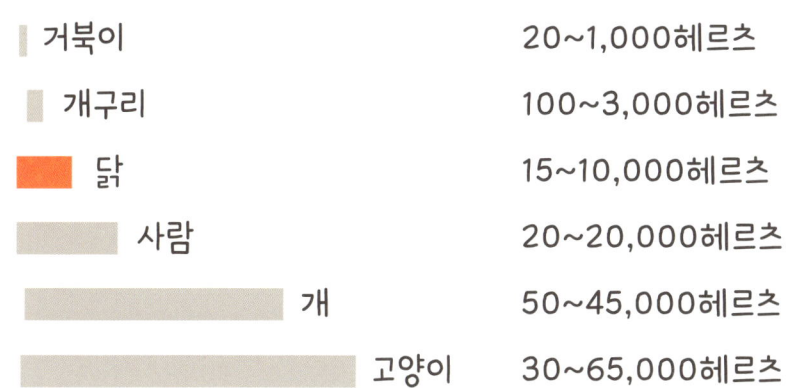

거북이	20~1,000헤르츠
개구리	100~3,000헤르츠
닭	15~10,000헤르츠
사람	20~20,000헤르츠
개	50~45,000헤르츠
고양이	30~65,000헤르츠

달걀

달걀 껍데기

달걀 껍데기는 쓰임새가 많아요. 잘게 부수어서 화단이나 텃밭에 뿌리면 화초를 지켜 줘요. 스멀스멀 기어 다니는 달팽이, 민달팽이, 지렁이 같은 벌레나 곤충들을 쫓아내 주거든요. 그리고 달걀 껍데기를 아주 잘게 빻아 가루로 만들어서 미용팩이나 빨래 표백제로 쓸 수도 있고, 냄비나 프라이팬을 닦을 때도 쓸 수 있어요. 달걀은 흰색이나 누런색만 있는 것 같지만, 푸른색이나 초록색 달걀도 있어요. 심지어 초콜릿색 달걀도 있답니다. 달걀 껍데기는 큐티클층, 외난각막, 내난각막, 이렇게 3겹이에요.

공기집

달걀이 오래될수록 공기가 들어 있는 공기집이 커져요. 달걀이 신선한지 알아보려면 그릇에 물을 가득 채우고 달걀을 넣어 보면 된답니다. 달걀이 바닥에 가라앉으면, 아주 신선하다는 뜻이에요! 하지만 물의 표면까지 떠오르면 오래된 달걀이에요. 먹을 만큼 신선하지 않다는 뜻이지요.

신선한 달걀   3주 지난 달걀

달걀 밑

알끈

배반

"닭이 먼저일까요, 달걀이 먼저일까요?" 이 질문의 답은 유정란의 배반에서 찾을 수 있답니다. 배반은 병아리의 유전자(DNA)가 담겨 있는 곳이에요. 달걀에서 닭으로 나아가기 위한 첫 번째 변화가 바로 배반의 유전자에서 일어나요. 그러니까 정답은 달걀이 먼저인 거죠!

큐티클층

외난각막

내난각막

난황(노른자)

난황막

내수양 난백

외수양 난백

알끈

공기집이 있는 달걀 위쪽

달걀의 크기와 무게

케이크를 만들 때 달걀 3개를 넣으라고 하면, 얼마나 큰 달걀을 넣어야 하는 걸까요? 달걀은 크기가 아주 다양하답니다. 우리나라는 달걀의 크기를 소란, 중란, 대란, 특란, 왕란으로 나누고 있어요.

최고로 큰 달걀!

1896년에 세계에서 가장 큰 달걀이 나왔어요. 기네스 세계 기록에 오른 달걀이에요. 무게는 약 340그램, 긴 쪽 둘레는 31센티미터, 짧은 쪽 둘레는 23센티미터였어요. 보통 달걀은 약 56그램, 메추리 알은 약 28그램, 거위 알은 약 142그램이니까 정말 엄청나게 큰 달걀이지 뭐예요!

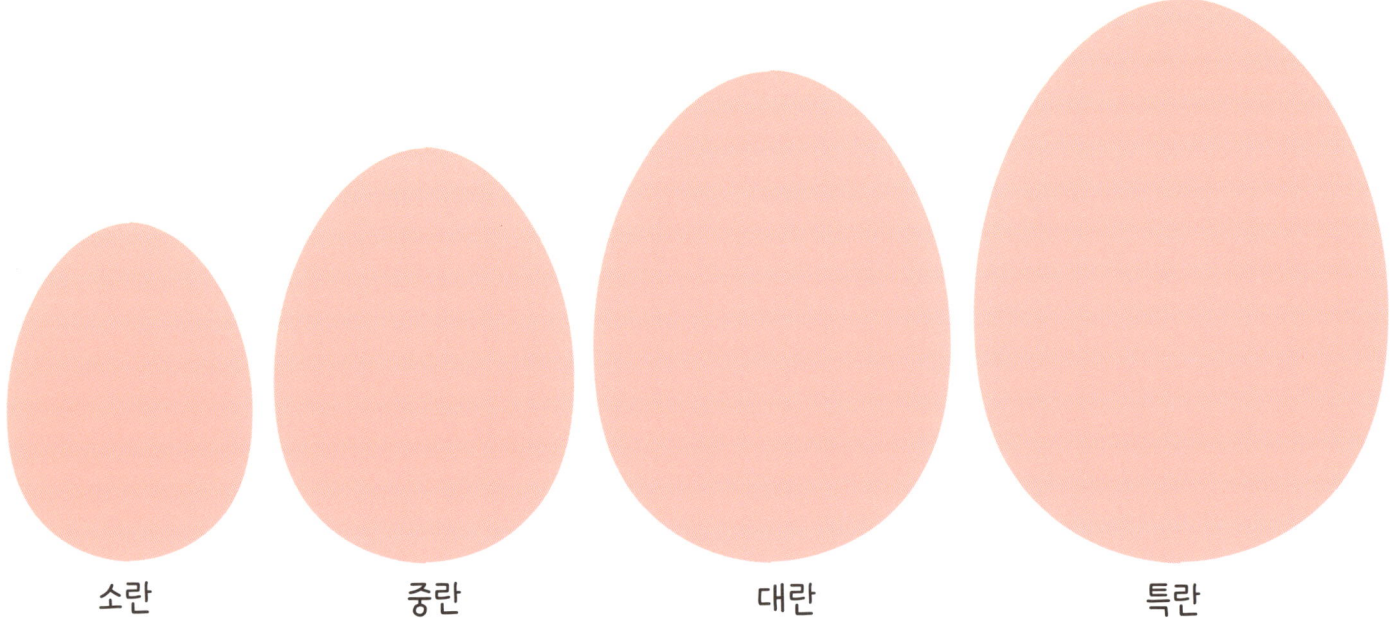

소란　　중란　　대란　　특란

달걀의 크기

이 달걀 그림은 달걀의 실제 크기예요. 그림에 달걀을 대 보고 달걀의 크기를 확인해 보세요.

신비로운 알들

세상에는 달걀 외에도 갖가지 모양의 알들이 있어요.
1. 바다오리 알, 2. 갈매기 알, 3. 스몰스팟티드 캣샤크 알, 4. 돔발상어 알, 5. 벌새 알, 6. 거세미나방 알, 7. 밤나방 알, 8. 자나방 알, 9. 노랑가오리 알, 10. 칠성장어 알, 11. 은상어 알, 12. 상어 알, 13. 매 알, 14. 나이팅게일 알, 15. 앵무새 알, 16. 뇌조 알, 17. 거북 알, 18. 메추리 알, 19. 뻐꾸기 알

주방으로 간 달걀

달걀은 영양분이 풍부하고 건강에 좋은 식품이에요. 달걀의 영양분을 잃지 않으려면 조리 시간이 짧을수록 좋답니다! 흔히 먹는 달걀 요리의 조리 시간은 그림과 같아요.

껍데기째 놓고 먹는 반숙 달걀 - 3분
수란 - 3분
150도로 구운 달걀 - 30분
오믈렛 - 10분

달걀 스크램블 - 5분

달걀흰자
달걀흰자의 주성분은 물이지만 단백질과 지방도 들어 있답니다.

껍데기를 까서 요리에 넣는 반숙 달걀 - 6분

달걀 프라이 - 7분

달걀노른자
달걀노른자에는 흰자보다 2배나 많은 단백질이 들어 있어요. 지방도 많이 들어 있답니다. 50퍼센트는 물이에요.

완숙 달걀 - 9분

세계의 달걀 요리

달걀은 세계 곳곳에서 기본 요리 재료로 쓰여요. 전채요리부터 메인요리는 물론 디저트까지 많은 요리에 두루 쓰이지요. 그리고 색다른 음료, 칵테일, 술을 만들 때도 달걀을 넣는답니다.

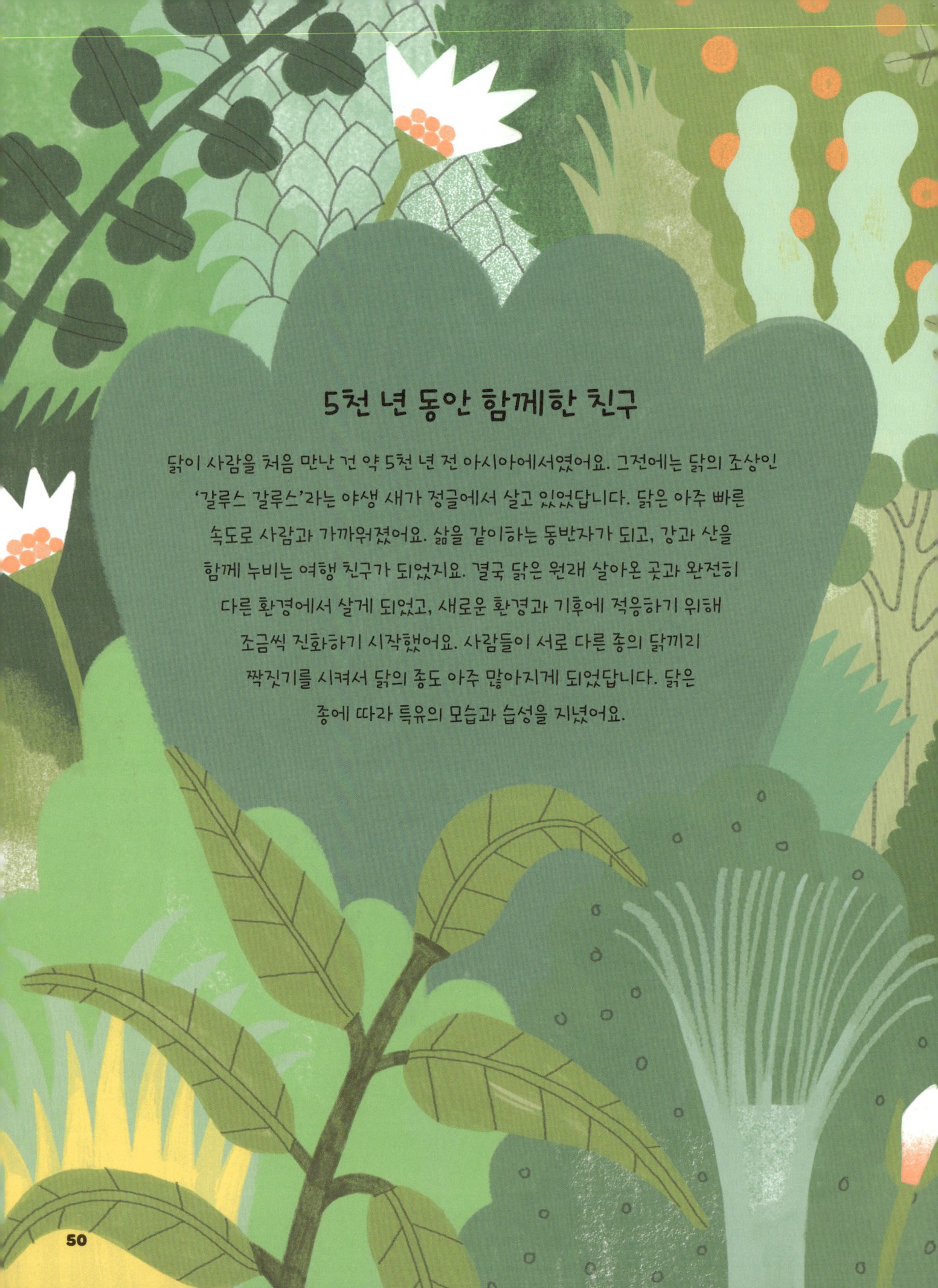

5천 년 동안 함께한 친구

닭이 사람을 처음 만난 건 약 5천 년 전 아시아에서였어요. 그전에는 닭의 조상인 '갈루스 갈루스'라는 야생 새가 정글에서 살고 있었답니다. 닭은 아주 빠른 속도로 사람과 가까워졌어요. 삶을 같이하는 동반자가 되고, 강과 산을 함께 누비는 여행 친구가 되었지요. 결국 닭은 원래 살아온 곳과 완전히 다른 환경에서 살게 되었고, 새로운 환경과 기후에 적응하기 위해 조금씩 진화하기 시작했어요. 사람들이 서로 다른 종의 닭끼리 짝짓기를 시켜서 닭의 종도 아주 많아지게 되었답니다. 닭은 종에 따라 특유의 모습과 습성을 지녔어요.

역사 속에도 닭이 등장할까요?

고대

고대 이집트와 로마제국의 역사에도 닭이 등장한답니다. 옛날에도 사람들이 닭을 중요하게 생각했었나 봐요. 돌판에 새긴 조각, 그림, 프레스코 벽화 등에 그려 넣어서 닭을 찬양했어요.

중세

시간이 지나면서 사람들은 닭을 돌보는 법을 알게 되었어요. 닭을 잡아먹으려는 천적과 궂은 날씨로부터 닭을 보호해 줄 닭장을 지었지요. 그리고 먹이를 주기 시작했어요. 결국 닭은 완전히 길들여져서 가축이 되었어요.

대항해시대

닭이 세계를 정복했어요! 사람들이 탐험에 나선 대항해에 닭이 함께 갔거든요. 아시아, 유럽, 신대륙 아메리카 등에서 서로 물건을 팔고 살 때도요. 각 대륙의 사람들은 그때 닭을 처음 본 거랍니다.

19세기

19세기는 그야말로 '닭의 세기'죠. 닭의 다양한 종에 대한 관심이 폭발적으로 늘어났거든요. 전 세계 많은 사람들이 더 아름다운 닭을 탄생시키고, 달걀을 더 많이 낳는 닭을 만들기 위해 엄청난 노력을 기울였답니다.

상징의 마법

오랜 세월 동안 닭, 수탉, 달걀은 사람들의 삶에서 중요한 일에 쓰였어요. 그래서 닭은 큰 영향을 미치는 강력한 상징이 되었답니다.

수탉

새벽을 알리는 수탉의 힘찬 울음소리는 빛을 상징해요. 빛은 어둠을 물리치고 집을 보호해 주지요. 수탉 모양의 풍향계가 지붕 꼭대기에 설치된 이유를 알겠지요?

암탉

암탉은 병아리를 굉장히 잘 돌보아요. 그래서 세계 곳곳에서는 모성애와 아동 보호의 상징으로 암탉을 쓴답니다. 어떤 곳에서는 암탉을 풍요로움과 부유함의 상징으로 여기기도 해요.

달걀

알은 생명의 근원을 상징해요.
많은 고대의 전통을 보면, 세상과 신들이
아주 거대한 우주의 알에서 탄생했다고 믿어요.
그 후 시간이 지나면서 알은 봄을 상징하게
되었어요. 봄은 겨울의 어둠을 이겨내고
새롭게 태어나는 때니까요.
즉, 죽음 후 부활의 의미가 담겨 있어요.

옛날 옛적에, 닭이 살고 있었어요

닭이 등장하는 유명한 이야기들이 많아요. 이솝 우화나 로마 우화에서 중요한 역할로 등장하지요. 닭은 아주 똑똑하고 용맹한 동물로 나오기도 하지만, 약하고 겁 많은 동물로 나오기도 한답니다.

북유럽 전래동화
치킨 리틀

'치킨 리틀'이라는 병아리가 있었어요. 어느 날 치킨 리틀의 머리 위에 도토리가 하나 떨어지자 치킨 리틀과 닭들은 하늘이 곧 무너질 거라며 여우에게 도움을 청했어요. 교활한 여우가 안전한 피난처라고 속여서 치킨 리틀과 닭들을 여우 동굴로 데려갔는데, 그들은 불행하게도 그 동굴에서 도망칠 수 없었답니다.

이솝 우화
황금알을 낳는 암탉

한 농부에게 황금알을 낳는 암탉이 있었어요. 황금알을 하루에 하나씩만 낳자, 농부와 부인은 닭을 죽이고 배를 갈랐어요. 뱃속에 황금알이 가득 들어 있을 거라고 기대했기 때문이지요. 하지만 뱃속에는 황금알이 없었어요. 닭도 죽어버려서 농부는 모든 것을 잃게 되었답니다.

파이드로스 로마 우화
수탉과 진주

어느 날, 거름 더미에서 먹이를 찾던 수탉이 우연히 진주를 발견했어요. 수탉은 진주가 정말 값진 물건이라는 사실을 알아챘지만, 자신에게는 아무 쓸모없는 물건이라는 사실도 알게 되었지요. 차라리 먹을 수 있는 음식을 발견했더라면 더 좋았을 텐데!

똑똑똑

이솝 우화
족제비와 닭

어느 날 족제비 한 마리가 닭들이 몸이 아프다는 걸 알게 되었어요. 족제비는 의사처럼 차려입고 왕진가방을 들고 닭장으로 갔답니다.

닭장에 도착한 족제비는 닭들에게 몸이 어떠냐고 물었어요. 영리한 닭들은 족제비의 꾀를 눈치채고 망설임 없이 대답했답니다.

"아주 좋아요. 당신만 멀리 사라져 준다면요."

닭을 위한 맞춤 공간

닭 사육장에 오신 걸 환영해요! 소파나 텔레비전은 없지만, 닭에게는 모든 것이 갖추어진 아늑한 집이랍니다. 편안한 햇대에 올라가 잠도 자고, "꼬끼오!" 하고 울음을 뽐낼 수도 있어요. 충분한 물과 음식이 있고, 마음껏 헤집고 다닐 수 있는 넓은 마당도 있어요.

둥지

둥지는 빛이 잘 들어오지 않는 외딴 공간이지만 편안하고 아늑하답니다. 암탉이 안정감을 가지고 아주 편한 마음으로 알을 낳도록 도와주지요.

햇대

햇대는 긴 나무 막대기처럼 생겼어요. 닭들은 햇대에 앉아 천적 걱정 없이 푹 잘 수 있어요. 햇대는 주로 커튼 봉처럼 긴 나무 막대기로 만들고 아주 높은 자리에 설치해요. 그래서 사다리가 있어야 올라갈 수 있답니다.

화장실

바닥에 밀짚, 톱밥, 마른 나뭇잎 같은 것들을 여러 층으로 깔아 두면, 닭이 밤 시간 동안 배설한 변이 그 위로 떨어지지요. 화장실은 항상 건조하게 유지해야 해요. 닭들이 들어갈 수 없게 만들면 더할 나위 없이 좋답니다.

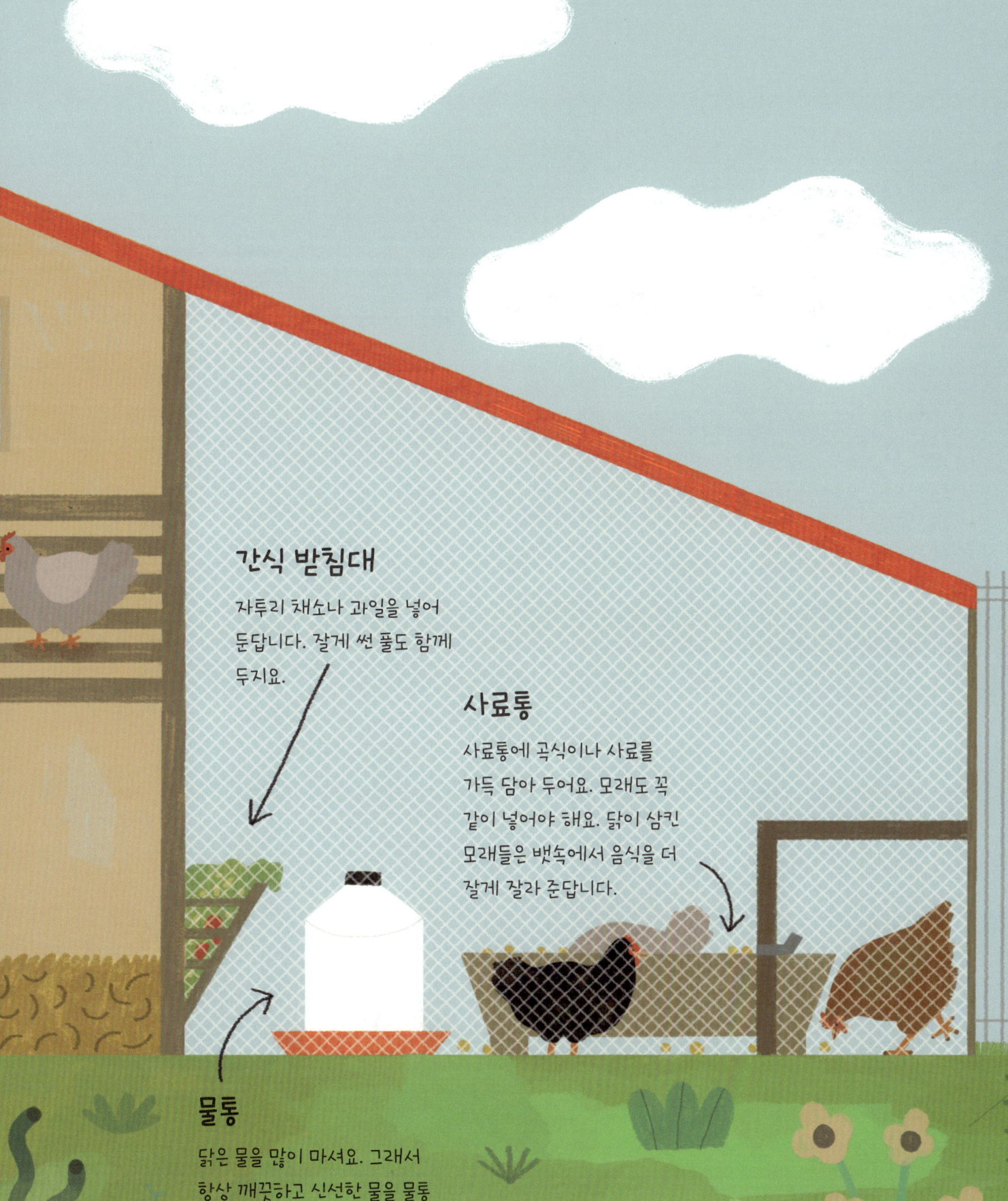

닭 사육장 주변에는 울타리와 풀밭이 있어요

닭 사육장 옆에는 풀이 잘 자란 마당이 꼭 필요해요. 마당의 풀은 닭에게 줄 영양가 많은 먹이가 되거든요. 그리고 닭들이 풀을 헤치고 다니며 작은 벌레나 곤충, 애벌레도 잡아먹는답니다. 특별한 간식이죠!

나무

열매를 맺는 나무는 여러모로 도움이 되지요. 여름에는 시원한 그늘이 생기고, 잎이 다 떨어진 겨울에는 나뭇가지 사이로 따뜻한 햇살이 비쳐요. 그리고 열매가 다 익으면 땅바닥으로 떨어져서 좋은 먹이가 된답니다.

모래와 흙으로 목욕하기

닭은 기생충을 물리치기 위해서 '모래 목욕'이라는 특이한 행동을 한답니다. 욕조나 큰 통에 모래와 흙을 잘 섞어서 채워 두면 되지요.

비를 피할 곳

여름에는 비를 피할 수 있는 곳이 필요해요. 그리고 겨울에는 따스한 햇볕이 드는 양지바른 곳을 좋아해요.

놀이터

닭은 놀이 활동을 좋아해요. 여러 가지 놀이를 하면서 노는 시간을 아주 좋아하지요. 놀이는 스트레스 해소에도 도움이 된답니다! 자그마한 그네에 올라가 앞뒤로 그네를 타기도 하고, 곡식을 쪼아 항아리에 담는 놀이도 하고, 폴짝 뛰어서 높이 매달린 식물에 닿는 놀이도 하지요.

울타리

삵이나 너구리, 족제비는 닭을 위협하는 천적이랍니다. 조밀한 철망으로 만든 아주 튼튼한 울타리를 쳐서 위험한 천적이 닭에게 다가오지 못하게 해야 해요. 그리고 울타리 위나 아래로 들어오지 못하도록 울타리를 꼼꼼히 잘 쳐야 해요.

닭은 자연에 이롭기도 하지요

흙을 기름지게 만드는 훌륭한 방법이 있어요. 닭을 키우면 된답니다. 닭의 배설물은 단순한 오물이 아니에요. 채소를 심은 밭이나 꽃을 심은 화단, 과일 나무에 좋은 비료가 된답니다.

거름통

닭 사육장의 화장실을 청소할 때 닭의 배설물을 옮겨 두는 곳이에요. 닭의 배설물은 시간이 지나면 거름이 된답니다. 천연 비료인 거름은 영양분이 풍부해서 땅을 기름지게 만들어 주지요.

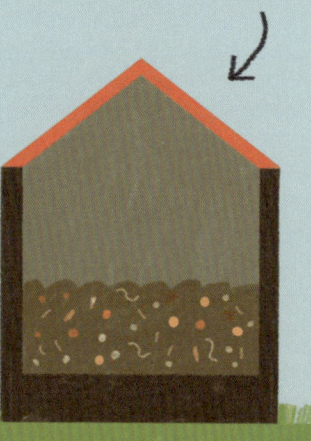

지렁이 통

지렁이는 거름과 퇴비를 부엽토로 만들어 주지요. 기름진 흙인 부엽토를 채소밭이나 화단의 흙에 섞어 주면 식물이 정말 잘 자라요.

퇴비통

주방에서 나온 음식물 쓰레기에 짚이나 풀을 섞어서 퇴비를 만들지요. 채소밭이나 화단에 영양도 듬뿍 주고 음식물 쓰레기도 처리할 수 있는 좋은 습관이랍니다.

파헤쳐요. 그러면 쟁기로 밭을 간 것처럼 되지요. 그리고
돌아다니면서 여기저기 배설한 변이 흙을 기름지게 만들어요.

거름을 섞은 밭

거름, 퇴비, 부엽토를 섞은 밭에서 채소를
기르면 천연 영양분을 매일매일 주는 것과
마찬가지랍니다.

부리 쪼기

닭들이 마당을 헤집고 돌아다니면 땅이 비옥해져요. 닭이 땅속에
있는 지렁이, 벌레, 씨앗, 새싹, 돌조각을 찾으면서 흙을 쪼고
파헤쳐요. 그러면 쟁기로 밭을 간 것처럼 되지요. 그리고
돌아다니면서 여기저기 배설한 변이 흙을 기름지게 만들어요.

닭도 반려동물

고양이나 강아지를 가족처럼 여기며 같이 사는 사람들이 많지요. 그런데 닭을 더 좋아하는 사람들도 있어요. 닭이 서너 마리라면 넓은 농장도 필요 없어요. 닭들이 헤집고 돌아다닐 수 있는 작은 마당만 있으면 되지요. 닭은 무척 매력적인 동물이에요. 키우다 보면 닭을 사랑하는 마음이 계속 커진답니다!

암탉 테라피

닭은 정말로 사람의 기분을 좋게 해줘요. 암탉 테라피라는 치료법이 있어요. 노인과 아이의 정서 안정에 도움을 주는 치료법이지요. 암탉 테라피는 나날이 인기가 높아지고 있답니다.

공원 산책

이제 유럽의 공원에서는 아름다운 닭을 심심찮게 볼 수 있어요. 닭을 친구나 가족처럼 생각하니까, 함께 산책도 하고, 닭이 자유롭게 놀 수 있도록 공원에 잠시 풀어 두기도 한답니다.

비행기 탑승 허가!

의사들은 닭이 '감정적 안정을 주는 동물'이라고 말해요. 무서운 기분을 줄여 주지요. 그래서 비행기를 탈 때 무서움을 느끼는 승객들에게 '반려동물 동행'을 허락하기도 해요.

우리의 삶도 닭 사육장과 비슷하죠.

다양한 품종

지구에는 약 300여 종의 닭이 살고 있어요. 집에서 키우려면 어떤 품종이 좋을까요? 어떤 닭은 첫눈에 반할 만큼 빼어난 외모를 뽐내죠. 조금 특별하게 생긴 닭도 있고요. 닭의 품종이나 혈통을 따져 보고 함께 지낼 닭을 선택하기도 한답니다. 모든 닭은 저마다의 특별함이 있어요. 조금 더 자세히 알아볼까요?

조류 전문가

동물학과 식물학에서 유명한 학자들이 하나둘 닭에 흥미를 가지게 되었어요. 그래서 닭에 대한 연구가 시작되었지요. 16~17세기경 울리세 알드로반디라는 학자는 『신비한 닭들』이라는 책의 멋진 삽화들을 그리기도 했답니다.

품종 이름과 혈통

닭은 품종에 따라 이름이 다양하답니다. 닭의 발자취를 따라가 보면 이름을 이해하기 쉬워요. 닭은 특정 지역에만 살지 않아요. 전 세계에서 살죠! 닭 이름은 장소 이름에서 따온 경우가 많아요. 처음 살던 지역의 이름인 경우도 있고, 옮겨 와서 살게 된 지역의 이름인 경우도 있어요. 배로 옮겨 왔을 때는 항구 이름을 붙이기도 해요. 그리고 품종의 이름이 없는 닭에게는 닭을 처음 발견한 사람이나 학자의 이름을 붙이기도 한답니다.

라플랑슈
서식스
파도바나
로드 아일랜드
저지 자이언트
미노르카

혈통도 좋지만

집에서 키울 닭이라면 교배종 닭을 기르는 것도 좋은 선택이에요. 굳이 순종 닭을 고집할 필요가 없어요. 사육용 닭을 생산하는 대기업 농장에서 교배종 닭을 분양받는다면, 그 닭들은 좀 더 평화롭고 행복하게 생활할 기회를 얻을 수 있겠지요.

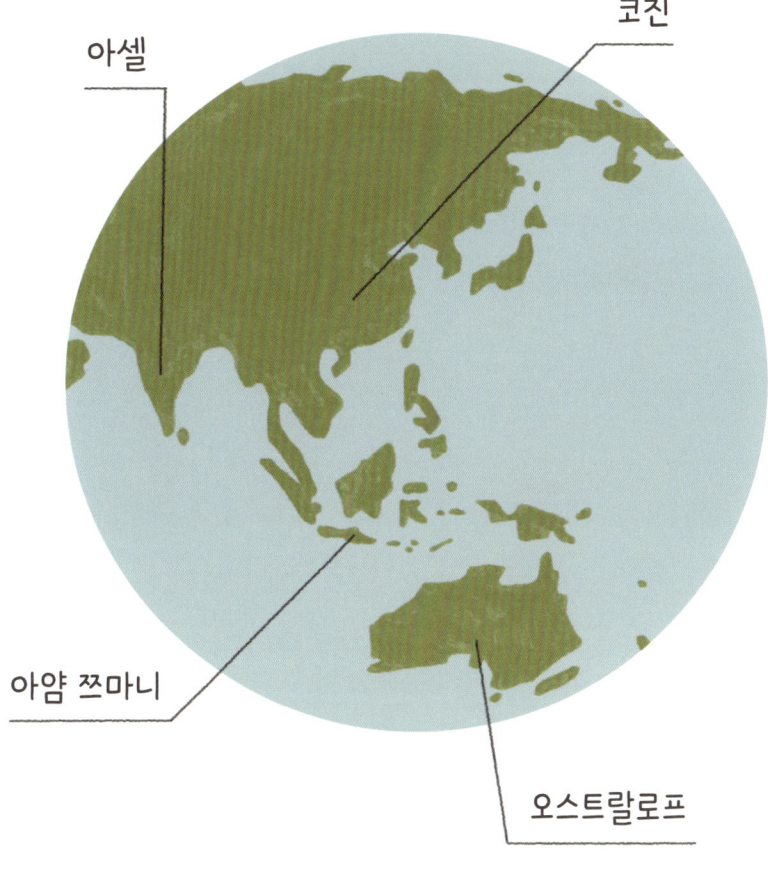

아셀
코친
아얌 쯔마니
오스트랄로프

아얌 쯔마니

원산지　인도네시아의 수마트라 섬과 자바 섬
달걀색　연한 아이보리색
생김새　볏은 홑볏(단관)이고 다리는
　　　　검정색이에요.
무게　　1.5~2킬로그램

아얌 쯔마니는 머리부터 발끝까지 까맣답니다. '아얌 쯔마니'는 자바어로 '검은 닭'이라는 뜻이에요. 눈, 볏, 귀, 고기수염, 피부, 발, 발톱까지도 새까맣지요. 심지어 내장과 뼛속까지 까맣답니다. 아얌 쯔마니의 몸에서 까맣지 않은 부분은 달걀 껍데기, 흰자, 노른자뿐이랍니다.

흥미로운 사실! 인도네시아 전통에서는 아얌 쯔마니가 치유를 상징한답니다. 초능력을 가진 닭으로 묘사되기도 하지요!

코친

원산지	중국
달걀색	갈색에 가까운 노란색
생김새	볏은 홑볏(단관)이고 다리는 깃털로 뒤덮여 있어요.
무게	3~4.5킬로그램

코친은 아주 많은 깃털로 뒤덮여 있어요. 그래서 몸통이 둥글둥글하답니다.

흥미로운 사실! 코친이라는 이름은 베트남과 캄보디아 사이에 있는 코친이라는 지역에서 따왔어요. 1850년에 영국의 빅토리아 여왕에게 선물하면서 붙인 이름이지요. 그때까지 그렇게 아름다운 닭을 본 적 없었던 영국인들 사이에서 '닭 열풍'도 일었대요. 다들 여왕처럼 닭을 키우고 싶어 했거든요!

바르부 당베르

원산지   벨기에
달걀색   흰색
생김새   볏은 장미볏이고 다리가 아주 짧아요.
무게   0.5~0.7킬로그램

바르부 당베르는 하늘을 잘 난답니다. 그리고 불룩하게 튀어나온 둥근 가슴 덕분에 자신감 있는 멋진 자세가 나오지요.

흥미로운 사실! 바르부 당베르는 네덜란드 화가들이 17세기 중반에 그린 그림들 속에 등장해요. 유럽의 나라들과 아시아의 말레이시아가 서로 물건을 사고팔게 되면서 바르부 당베르도 유럽으로 건너가게 되었대요. 바르부 당베르가 유럽에 처음 도착했던 항구는 벨기에의 안트베르펜이에요.

실키

원산지   중국
달걀색   연갈색
생김새   볏은 호두볏이고 발가락이 5개예요.
무게   1.2~1.4킬로그램

실키는 아주 오래된 종이에요. 까만 피부와 부드러운 깃털로 유명한 닭이지요. 실키라는 이름은 실크처럼 부드러운 깃털 때문에 붙은 이름이에요. 마치 고양이 털처럼 보인답니다.

흥미로운 사실! 실키는 본능적으로 자기를 보호하는 능력이 발달했어요. 그리고 사람을 잘 따른답니다. 오늘날 암탉 테라피를 할 때 활약하는 닭이기도 해요.

라플랑슈

원산지　프랑스
달걀색　흰색
생김새　볏은 브이(V)자 볏이고 다리가
　　　　튼튼하고 부드러워요.
무게　　2~3킬로그램

라플랑슈는 브이(V)자 모양의 특이한 볏을 가진 종이에요. 볏이 화살촉 모양이랍니다. 라플랑슈라는 이름은 프랑스 라플랑슈 마을에서 따왔어요. 프랑스어로 '화살'이라는 뜻이에요.

흥미로운 사실! 라플랑슈는 중세시대에 크게 유행한 미신의 희생양이 되었어요. 볏이 뿔 모양이고 깃털이 까만색이라서 '악마의 새'로 여겨졌거든요. 안타깝게도 화형대에서 처형된 라플랑슈도 있었대요.

로드 아일랜드

원산지 　미국
달걀색 　짙은 갈색
생김새 　볏은 홑볏(단관)이고 다리가 아주
　　　　튼튼해요.
무게 　　2.4~3킬로그램

로드 아일랜드의 깃털은 예쁜 적갈색이랍니다. 깃털 색깔 때문에 '로드 아일랜드 레드'라는 이름으로 불리기도 해요.

흥미로운 사실! 로드 아일랜드는 1954년부터 미국 로드 아일랜드 주를 대표하는 동물이에요. 우표에도 많이 등장하고 세계에서 유일하게 기념비도 있답니다. 이 기념비는 1925년에 아담스빌이라는 마을에서 세웠는데, '로드 아일랜드 레드'라는 이름도 이때 처음 생겼다고 해요.

파도바나

원산지　폴란드
달걀색　흰색
생김새　볏이 없고 다리가 길어요.
무게　　1.7~2킬로그램

파도바나는 머리 깃털이 크고 많아서 머리가 커 보여요. 근엄해 보이는 모습과는 달리 머리 깃털이 눈을 가리고 있어서, 긴장의 끈을 놓지 못하고 늘 초조해 한답니다. 그래서 눈 주변의 깃털을 조심조심 잘라 주어야 한대요.

흥미로운 사실! 파도바나는 14세기경 이탈리아의 파두아에서 폴란드로 건너왔어요. 폴란드의 지아코모 돈디 후작이 정원을 꾸미기 위해 여러 종의 닭을 사왔다고 전해지고 있어요.

세브라이트

원산지   영국
달걀색   흰색, 크림색
생김새   볏이 장미볏이고 다리가 짧아요.
무게   0.5~0.6킬로그램

세브라이트는 아주 우아하고 정말 고상한 닭이에요. 온몸이 하얗고, 깃털 끝부분이 까만색으로 되어 있어서 정말 아름답답니다.

흥미로운 사실! 세브라이트라는 이름은 영국 우스터셔 주의 비스포드 코트라는 대저택에 사는 귀족의 이름에서 따왔어요. 존 손더스 세브라이트 경은 여러 닭을 교배시켜 세브라이트를 탄생시켰대요. 낭만적인 정원에서 우아하게 차를 마시는 귀족 같은 분위기가 느껴지지요?

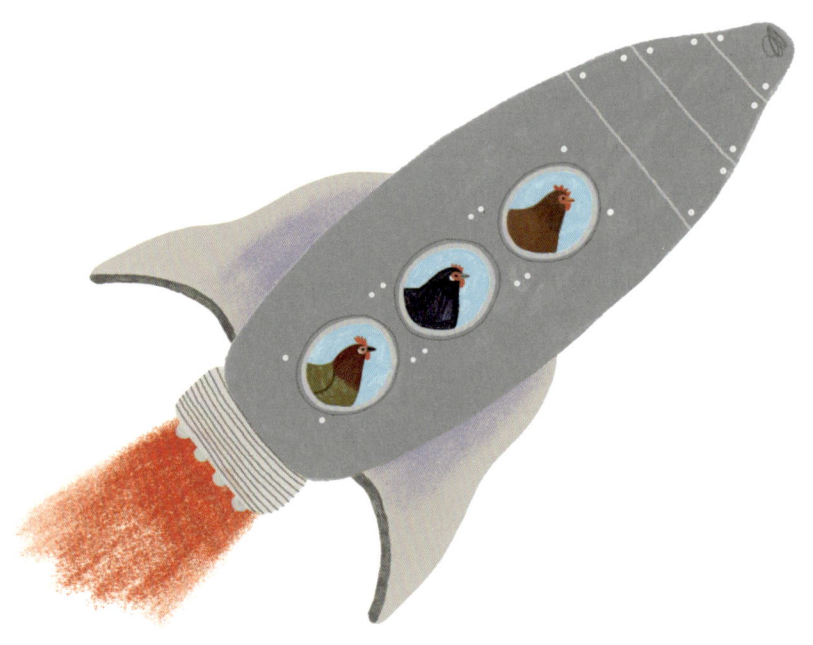

감사의 인사

우리가 처음 만난 도시 닭인 게라와 페이스에게 고마운 마음을 보냅니다. 게라와 페이스 덕분에 우리는 새로운 세계를 알게 되었어요. 그리고 이 책을 디자인하는 데 큰 도움을 준 트레이타, 리나, 시우피나, 피타, 베파한테도 감사의 인사를 전합니다. 특히 닭 그림을 그려 준 리나, 정말 고마워요. 또 우리의 '엄마 닭' 마리스텔라와 디아나에게 감사 인사를 전합니다. 방학 동안 딸들을 잘 돌봐 주셔서 감사해요. 우리가 새로운 세계를 여행하는 모습을 지켜봐 준 친구들과 가족들도 감사합니다. 마지막으로 일라리아와 데비, 열정을 가지고 참여해 줘서 정말 고마웠어요!

— 바바라 산드리와 프란체스코 주빌리니

매일 아침 일어나서 "전 세계 닭들에 대한 그림책을 만들고 싶어요."라고 말할 때마다 든든한 격려로 지지해 주셨던 부모님, 감사합니다. 또 항상 저를 믿어 주셨던 마르게리타, 감사합니다. 저의 1호 팬이 되어 준 줄리아에게도 감사의 인사를 전합니다. 멀리 있지만 필요할 때마다 항상 달려와 주었던 레오나르도에게도 고마운 마음을 보내요. "정말 멋져요, 카밀라!"라고 항상 말해 주었던 엘리사에게도 감사해요. 그리고 마지막으로 데비와 일라리아, 내 말에 귀기울여 주고, 페이지를 줄여 준 거 고마워요.

— 카밀라 핀토나토

지은이 바바라 산드리 이탈리아 리보르노에 살고 있는 환경운동가이자 '뒷마당에서 닭 키우기'의 선구자예요. 행복한 암탉의 달걀이라는 슬로건으로 작은 도시 닭장을 건설한 경험이 있어요. 항상 환경에 대한 열정과 자연과의 조화를 꿈꾼답니다.

지은이 프란체스코 주빌리니 이탈리아 토스카나에 살고 있는 작가이자 마케터예요. 교육적이고 창의적인 일에 몰두하는 것을 즐긴답니다.

그린이 카밀라 핀토나토 이탈리아 베니스에 거주하고 있어요. 일러스트레이터, 그래픽 디자이너 등으로 활동하고 있어요. 고양이와 닭을 좋아하며 여가 시간에는 정원을 가꾸고 고양이 로스마리노를 껴안으며 가장 많은 시간을 보낸답니다.

옮긴이 김경숙 책과 언어와 아이들이 좋아서 번역을 시작했고, 현재 번역가들의 모임 '바른번역'에서 출판 번역가로 활동하고 있습니다. 『겨울뿐인 미래』, 『사라진 도시 사라진 아이들』, 『주니비의 비밀일기』, 『마법의 유니콘 협회 골든 유니콘』 등 많은 어린이책과 청소년책을 옮겼고, 『우리의 미스터 렌』, 『개의 힘』, 『컵오브테라피2』 등의 어른책도 재미있고 읽기 좋게 우리말로 옮겼습니다.

알쏭달쏭 궁금한
동물농장 1

닭

초판 인쇄 2023년 11월 5일
초판 발행 2023년 11월 11일

지은이 바바라 산드리·프란체스코 주빌리니
그린이 카밀라 핀토나토
옮긴이 김경숙
펴낸이 조승식
펴낸곳 balance & harmony
등록 1998년 7월 28일 제22-457호
주소 서울시 강북구 한천로 153길 17
전화 02-994-0071
팩스 02-994-0073
이메일 bookshill@bookshill.com
블로그 blog.naver.com/booksgogo

값 12,000원
ISBN 979-11-5971-529-7

*BH balance & harmony는 도서출판 북스힐의 그래픽 노블 임프린트입니다.
*잘못된 책은 구입하신 서점에서 교환해 드립니다.